시와문화 시집 054

뱀파이어의 메일함

김애옥 시집

시와문화

■시인의 말

단 한 마디라도
일상으로 먹는 밥 위에
윤기를 얹을 수 있다면
그래서 원래 없는 세상이 보일 수 있다면
시에는 사악함이 없음을 느낄 수 있다면

2021년 가을 김애옥

| 차 례 |

■시인의 말

1부 산이 걷고 있다

파파 헤밍웨이 _ 12
수월봉 _ 14
밥이 보약 _ 16
단단한 무심 _ 18
모자의 교집합 _ 19
조율 _ 20
산이 걷고 있다 _ 22
물고기가 헤엄치다 _ 24
사과를 깨물었다 _ 26
뱀파이어의 메일함 _ 28
신선한 모유 _ 30
강아지풀 _ 32
빗살무늬 토기 _ 33
도시의 인문학 _ 34
엄마 김봉례 씨는 _ 36
춤추는 동그라미 _ 38

2부 겨울 여자

시(詩) _ 40
오고 있다 _ 42
서있는 사람 _ 44
장미에게 _ 46
숨바꼭질의 발견 _ 48
자작나무숲 _ 49
정중동(靜中動) _ 50
시적 상태 _ 52
용두산 공원에서였다 _ 54
겨울 여자 _ 57
스위치 _ 58
사랑은 언제나 오래 참고 _ 60
개와 관련한 송구영신 _ 62
아버지의 거시기 _ 64
별이 다섯 개 _ 66
숨비소리 _ 69
도시는 감기 시절 _ 70

3부 배앓이

오규원의 길 _ 72
페이스북 _ 74
매일 죽는 여자 _ 76
순간의 뒤안 _ 78
숙주 _ 80
나는 변기에 빠지고 싶다 _ 82
극장전 _ 83
붕 붕 붕 _ 84
장미의 전쟁 _ 85
배앓이 _ 86
한라산 _ 88
히든 싱어 _ 90
구름 이불 _ 92
열쇠 _ 93
저는 너무 자주 웃습니다 _ 94

4부 쉘 위 댄스

도깨비 _ 96
성하(盛夏) _ 98
겨울 숲 _ 99
춘희 _ 100
쉘 위 댄스 _ 102
허공의 아무쪼록 _ 104
씨앗 _ 106
여름의 연거푸 _ 108
빨간 레시피 _ 110
바람 _ 111
패스워드는 패스 _ 112

■해설 - 첨단과 어울린 원초적 체험의 넉넉함
/ 박몽구 _ 114

1부

산이 걷고 있다

파파 헤밍웨이

배불뚝이 헤밍웨이가 죽었다
뱃속에 바다를 가득 품고 있던 그가 죽었다

하드보일드 문체로 바다가 끓고 있다
유일하게 혼자일 수 있었던 그곳,
이제 다시 붉은 문장으로 시작할 수 있었는데
글도 못 쓰고 섹스도 못 해서 죽은 청새치

그는 죽기 전에 도무지 방법이 없다고 했다
가운데 몸뚱어리는 다 갉아 먹혀 비었다
펼쳐진 청새치의 날개는 화려했다

너무나 많은 별들이 그를 외롭게 했다
글로 구원에 이르지 못하고 선택한 죽음
교회당 종탑에 대롱대롱 매달리다 떨어진 곳이
하필 십자가 고상 옆이라니

배불뚝이 헤밍웨이의 배가 터졌다
펄펄 끓고 있던 바닷물이 쏟아졌는데
보물섬이다 야호

죽은 자들이 종일 울고 있다

쿠바산 싸구려 담배,
남극의 빙하를 가득 담은 모히토,
바다에 떠있는 별,
네 번째 부인의 미소

러브 유 파파,
르브 유 파파
제기랄!
당신의 청새치가 온통 바다를 뜯어먹고 있다구요

수월봉

천지개벽이 낳은 고요 속에 책 한 권 놓여있다
새들이 머물다간 자리다
꽃들이 앉았다 간 자리다
여인들의 흰 발목이 지나간 자리다

켜켜이 쌓아 올린 시간의 스토리텔링이다
바다의 이야기
땅의 한숨
맑은 날 태양의 노래가 범벅이 된
세상의 스토리텔링은 오직 하나
잘 형성된 책 한 권으로 신화를 썼다

백만 년 전의 눈물과
구름의 노래를 한데 섞어서
수월정에서 차귀도로 악보를 던지면
리듬과 멜로디를 감춘 수채화가 둥둥
잘 구워진 크레이프 케이크를 바라보며
파도를 동반하는 일이 수월해진다

침묵이 아니면 쌓아 올릴 수 없었다

말이 틈입하지 않아 강하고 단단하다
살아남은 불멸은 참수당하지 않고 있다
섬과의 관계, 언제나 강렬하다

적적해서 고요하다
그냥 바라만 보고 둘러만 본다
1만 8천 년의 세월이 잠잠해질 때까지

아, 그런데 꿈틀거린다
태연한 전설이 깨어나려 한다
낙조가 붉은 울음을 울고 있다

밥이 보약

육지 것의 제주살이는 배앓이가 잦았다
움켜쥔 배로 괴로운 날이면
혼자서 기어라도 가고 싶은 곳
밥집 '밥이 보약'

데면데면하던 주인은 언젠가부터 반겨준다
내 어색한 미소를 좋은 기운이라 하였다
몽글몽글 눈송이 같은 순두부찌개에 제주 햇살 가득 덤으로 얹어준다
한입 머금으면 간밤에 날아가 버린 반딧불이 반짝인다
때론 영롱한 무지개 비빔밥으로 우울을 비벼 삼킨다

손수건 한 장도 마다하고 밀쳐내는 그녀의 억센 손길은
진이 빠진 모습인가 싶으면 보리개역*을 건네고
우거지상인가 싶으면 매실청을 내민다
따뜻한 제주 바당이 되어 객지살이 탈난 배를 달래준다

밥 한 끼 할 때마다 질박한 정이 한 뼘씩 자라고
옹기그릇에 담겨 나온 매생이전에 젓가락을 대면
종일 입 다물어 쉰내 나는 입술이 달싹거려진다
사람을 살리는 밥 한 상, 9천 원에 사람을 살릴 수 있다면
사람은 얼마나 가볍고 싼가

갈옷 입은 그녀에게 16년이나 하셨다며요 하니
삭힌 방아잎 장아찌처럼 답한다
한 30년은 해야 음식점 한다 하지요

30년은 묵어야 살만한 제주,
그녀의 밥이 보약이다.
섬을 떠나오며 건네지 못한 말
이녁… 소랑햄수다

*보리 미숫가루의 제주어

단단한 무심

지렁이가 기어가는 허공

토마토가 익어가는 계절

기타를 치는 돌멩이

쓸모없어진 땀방울

이어지는 열꽃

평온한 걸음걸이의 왼손잡이

춤사위를 마련하는 수피댄스

잠식해 들어가는 어둠

노동을 유도실험 중인 애벌레

언제나 자발적인 부재중

나는 휴가 가고 없다

모자의 교집합

꽃을 깨트리니
소리가 가득하다

너는 밥을 물에 만다
테이블 위에 벗어놓은 모자는 그대로다

너는 꽃잎을 밟고 또 밟는다
옆집의 파티는 마감되어가고
소리는 잦아든다
내려앉는다

테이블 위에 벗어놓은 모자는 아직도 그대로다

세상의 모든 사람이 다 너처럼 유리한 입장에 서있지는 않다*

*F. 스콧 피츠제럴드 『위대한 개츠비』 중에서

조율

나무는 춤추고
유리병은 고요하다

검푸른 골목길을 돌고 돌아
멈추면
달력의 끝이 시작이다
100은 40이 되기도 하고 20은 100이 되기도 한다
100은 40이 되기도 하고 20은 100이 되기도 한다

화분은 뿌리식물을 키우고 있다
낮에는 손가락처럼 자라지만
밤의 거울 앞에서는 구부러진다

화분의 잎사귀는 떨어져 가고
모든, 씨앗들은 또 올라올 것이다

명징하다는 것은 무엇인가
알을 담고 있는 가방은 열리지 않았다
길가에는
짝을 잃은 구두와 하이힐이 뒹굴고 있다

바람은 사이마다 찾아와 시간을 조율한다

뒷모습은 구부정하다
구두 한 짝만 신고 뒤뚱거리며 걷는다

다시, 걸음의 시작이다

태양이 낮달로
빛을 토하고 있다

마디마디 지네의 다리는
순서를 의식하지 않고 걸을 뿐이다
뱀다리는 그저 미끄러진다

산이 걷고 있다

칼춤을 추는 바람
나는 잠잠해진다
눈가루 같은 햇빛이 날린다
옷 벗은 나뭇가지들은 산을 부분의 합으로 드러내고 있다

산은 겨울에야 비로소 전체를 보여 준다
나무들은 저마다의 사이로
비밀의 정원을 만들어 한 걸음 한 걸음 걷게 한다

죽은 나무들은 누워서 이끼를 덮고 있다
초록의 융단처럼 포근하다

키 큰 겨울나무들이 물결 춤으로 바람과 만난다
그들의 대화는 다시 산의 호흡이 된다

나무 꼭대기에 새 한 마리 앉아있다
힐끗, 무심히 주위를 살피며 고라니 한 마리 지나간다

여러 번 얼다 녹았다 반복하는
폭포는 얼음 동산으로 한껏 배가 불러있다

녹을 것이다

저만치 기어이 봄의 숨결이 준비 체조를 하고 있다

물고기가 헤엄치다

시간이 눈꽃들을 매만지다 흩어놓는다
덮는다, 적요가 또 덮는다
빠르게 달리는 기차에 나는 정지되어 있다

시를 애송하는 친구들은 정지용을 읽고
나태주를 노래하고 김경미를 살고
정호승을 의지하고 김수영을 흠모하며
최금진을 탐하고 있었다

시어(詩語)들은 시어(詩魚)가 되어 나를 향해 헤엄친다
배를 드러낸 물고기들이 떠오른다
서로의 살점을 뜯어먹고 있는 물고기들이 발버둥치고 있다

마른 물고기들이 떠오른다

정지용의 물고기는 나태주의 물고기는 김경미의 물고기는
정호승의 물고기는 김수영의 물고기는

그리고 최금진의 물고기는 어디로 헤엄치고 있을까

폭설에 푹푹 빠지며 찾아간 추억의 메밀국수집
한 달에 한 번 모여 시를 낭송한다는
여고 동창들을 만나고 다시 서울행 기차에 오른 나

고향의 모든 것들은 하늬바람으로 쓰다듬어 준다
다 괜찮다, 네 살던 대로 살라고
훌륭하지 않아도 너는 언제나 우리라고

사과를 깨물었다

누군가 던져놓은
알 수 없는 그물에 걸려 있다
미로를 헤매다
불빛 하나 손길 하나

오래도록
그때부터 지금까지
그는 유연하다

그를 만나고 오면
빗장 질러진 기억들이
풀려나와 그의 것들과
교집합을 이룬다

독사과를 먹고도 잠 못 이루는 밤,
왕자의 키스는 없고
부풀어 오르는 커피빵 위로 슬픔이 내려앉는다
예가체프 한 잔을 마시는 동안
나는 낯선 정원에 곧게 서있다
폐선은 이쪽으로 가까이 오고 있다

구원은 항상 주변에 있다고
그가 말했다
나는 사과를 깨물었다

푸른 새벽이 저만치 도둑처럼 오고 있다

뱀파이어의 메일함

매일 꽃밭을 가꾸는데 꽃들은 죽지 않는다

사라진 선배에게 보냈던 메일을 삭제했다
퇴직하면 고향 내려가 산다고 했던 그다
그 고향이 레테의 강이었나 보다
두 번 다시 잃고 싶지 않아 매달렸던 사랑도 지웠다
머그잔 두 개 때문에 갈라선 우정도 지웠다

메일함의 조울은 깊고 환상은 썩은 미소로 고여 있다
순전한 절망을 수놓았던 메일들은 매일의 섹스
매일 메일을 지우며 매일을 잃어도 계정은 살아있다

사라진 메일들이 다시 검은 컴퓨터 케이블을 타고
서버에 틀어박혀 윙윙거리는 벌집으로 요란하다

보낸편지함 메일을 매일 비워도
흔적을 그대로 껴안은 채인
매일의 메일 통증은 남는다
날려버린 매일이 쓰레기통에서 생존 중이다

삭제하며 흘린 피의 선연한 자국이 여전하다
매일의 메일은 죽지 않은 나다
통통하게 날마다 살아난다

메일은 매일을 지운다
나의 매일은 휴면계좌로 전환되지 않은 뱀파이어

신선한 모유

그녀의 잘린 가슴을 열자
잘린 가슴속의 목련이 환하게 쏟아진다

아프리카에는 열대성 초화가 피어있을 것이다
횃불을 닮은 트리토마가 절실해 오고 있다
환장할 계절에 목련을 떠올리는 일은
잔인한 꽃무리가 죽어도 죽지 않는 일

기억은 나뭇가지다
새들이 자라나는
움직이는 나뭇가지다

육체를 입고 이 세상에 살고 있는 상태에서
목련나무는 어미의 눈빛을 저버리기 어렵다
어미는 굉장한 무게로 짓누르고
목련은 마침내 떨어진다
젖은 땅에 내려앉은 초췌한 꽃잎들이 뒹군다

일단정지
목련은 말한다

다시 시작하는 것 말고는 없다
일어나는 일은 모두 옳다

완전연소
어미의 젖무덤에 하얀 피가 흥건하도록
시뻘건 혀를 날름거리며 빨아먹다 보면
목련은 자꾸 그녀의 가슴속에서 피어나고 있다

순간이 영원이다

목련은 자꾸 그녀의 가슴속에서 떨어지고 있다

강아지풀

도레미 솔 파파라도 시
서로 바람의 얼굴을 내밀며 흔들린다
낮으면 낮은 데로 높으면 높은 데로
딱 알맞은 화음을 골라내는
바람의 귀가 섬세하다

라라라 시시시 솔솔솔 라라라
집단지성의 힘은 필요 없어요
바람이 불면 바람이 부는 대로
그냥 바람의 손짓에 내맡기고 있어요
그러다 자연사하면 땡큐이지요

도도도 도# 도도# 도도도#
오름의 태양도 산성의 음표도
그저 바라만 보면 되는 것을요

찬연한 하늘빛이 비늘로 떨어지고 있어요

빗살무늬 토기

불이야 불~
물기를 머금은 흙들이 토혼으로 타올라요
삶의 흔적이 아쉬워
등신불로 남아있는 숨결

수많은 물고기들이 한유하다
스스로 산화되어 **뼈**를 보시했네요
흙에 침잠한 모래돌이 영접하구요
때로 번개무늬를 만나기도 해요

가마는 제 몸의 불덩이를 뽑아요
걱정 근심은 뼈를 녹게 한다니
토기는 살리고 가마가 죽으려고요
지나온 시간 그대로 흡수하지요

어제가 없는 현재의 불
오늘을 준비하는 토기들
미래를 밝히는 내 **뼈**들을 모아요

도시의 인문학

 밤이 되면 도시는 교묘해진다. 내면보다 외면으로 흐르는 불빛들, 매일이 축제, 삼바가 출렁이고 있다. 허리를 내어 두르는 훌라춤이 네온으로 번지고 있다. 반짝이며 출렁인다. 실존은 없고 존재만 있다. 도심의 비좁은 골목길을 굽이굽이 돌다 보면 근육과 뼈 조직의 연결을 돕는 길이 골밀도를 높이고 있다. 도무지 피로를 모르는 대신 두려움에 갇히고 있다. 나는 해거름이 되면 풀숲으로 숨어든다. 함께 사는 비둘기에게도 그곳이 야전요새다. 유리관에 갇힌 부조들이 검은 잠옷을 입는다. 망연한 시선의 그들은 늘 그런 눈으로 지내지 않았다. 자신을 가장 잘 아는 사람으로 살다가 배제된 것이다. 스산한 딱지들이 덕지덕지 붙은 입술은 혁명을 포기한 지 오래, 환기를 호소한다. 시동 걸린 엔진만이 여전히 진행형이다. 한낮의 향유는 없고 밀랍인형 박물관으로 박제된 채 마른 가지의 영혼들은 평온하다. 밤의 도시에서 시인은 결코 우울하지 않다. 개연성 없이 찾아온 도시의 스펙트럼은 넓다. 파이를 차지하려는 하이에나들은 불온을 향한 저항이 태양으로 졸고 도시는 얼룩진 어둠을 감내한다. 나는 다시 이 도시의 해골을 끌어안는다. 비전 Yes! 건필 Yes! 시인은 돈을 말하면 안 된다고 비둘기가 그랬다. 뭐니 뭐니 해도 머니가 제일이라는 이 도시에서 나는 누구인가. 누구는 나인가. 지구가 필요로 하는 나라고 그랬다. 누군가는. 도시가 나를 때린다.

엄마 김봉례 씨는

푸르른 한때를 기억으로 휘감고
노인용 기저귀와 틀니가 빨랫줄에 걸려있다
말라비틀어진 자작나무 한 그루의 이력이다

늙은 김봉례씨는
낡은 유모차를 춤추듯이 밀고 있다
한 걸음씩 느리게 천천히
갑
자
기
락앤 퀵아퀵 퀵아퀵, 찍고 벌러덩
허리가 꺾이고 골반은 으스러져 간다

늙은 김봉례 씨는
그럼에도 불구하고 낡은 유모차를 믿는다
주문을 건다 박힌 로고대로
해피 웰니스, 해피 웰빙휘트니스 해피 웰니스, 해피 웰빙휘트니스

김봉례 씨의 늘어진 빤스는

아침부터 빨랫줄에서 펄럭이고 있다

오늘, 김봉례 씨는 해피한가
내일 김봉례 씨는 아프지 않을 것인가
정말 김봉례 씨는 괜찮은가

자식을 앞세운 김봉례 씨는
날마다 창자가 문드러졌건만
오늘밤 타버린 심장은 구멍 나고 늘어진 빤스가 된다
주문을 건다
해피 웰니스, 해피 웰빙 휘트니스 해피 웰니스, 해피 웰빙 휘트니스

춤추는 동그라미

아이가 보자기를 뒤집어쓰고 음악에 맞추어 춤춘다
커튼 뒤로 숨어도 그림자는 동그라미를 그린다
마침표(.)와 쉼표(,)도 스프링처럼 튀어 오른다

아이가 계속 춤을 춘다
춤춘 자리에 풀이 자란다
비밀의 모퉁이로 물이 흐른다

아이가 잠에서 깬다
몸을 부풀려 구르기 시작한다
멈추고 나니
예감은 괄호를 던진다
괄호 속에 갇힌 아이는 풀이 된다
풀이 자라고 무성하니 괄호가 사라진다

구르고 구르고 구르니 동그라미다
동그라미가 춤춘다

아이의 삶이 익어갈수록
동그라미는 커질 것이다

2부

겨울 여자

시(詩)

겨울의 씨앗은 하얗다
페이지는 꽃을 피운다
수리공의 연장은 아직 말이 없다

언 땅에서 밀어 올릴 준비를 하고 있다
열고 닫는다, 계속 열고 닫는다
날카롭다가 둥글다, 날카롭다가 둥글다

앞서고 뒤처지고
뒤처지다 뒤따르고

시의 페이지가 펼쳐지고
수리공의 연장이 말을 시작하려 한다

말없음표로
시작하는 출발은
능란한 전장을 기대한다

나의 에쿠스는 누구인가
혹은

무엇인가

위험한 난장은 이미 펼쳐져 있다
세상은 저지른 자의 몫

무위도식하는 의무를 부여받은
오늘도 나는 시인인 척

누구는 심심해서 죽었다지

오고 있다

어둠 속이다
새벽이 기다리고 있다

비가 내리면 사람은 구름 위에 앉을 수 있다
구름에 걸린 침묵이 아이의 웃음보다 가볍다
그와 너의 목소리가 잦아들면 나와 그녀의 목소리는 높아진다
조용하고 낮게 주어지면 풍요롭게 부풀어 오른다

발신했는데 수신하지 않았다 하고
그는 보내지 않았는데 그녀는 받았다 한다

그의 우편함은 굳게 닫혀있고

알 수 없는 꾸러미는 어디서부터 조금씩 이동하고 있는가

그의 기다림은 손을 뻗어
하늘을 만지고 있다
선물은 언제 도착하려는가

새벽은 어둠을 밀어내고
호흡을 건넨다 들숨과 날숨으로
구름은 유희적이다

오고 가는 일은 인력으로 안 되는 일
가고 오는 일을 유용하게 펼치면
달콤 쌉싸름한 초콜릿 같은 행운이
기다려줄지도

날것인 채로
동사만으로 명쾌하게

서있는 사람

안경을 쓴 남자가 서있네요
체념도 오래 그 옆에 서있었지요
시간도 얼어붙었어요
믿음은 아직 그의 주변을 맴돌고 있나 봐요

던졌던 주사위는 멈춰있고
붉은 인주를 묻힌 도장들은 일제히 기립하고요

그의 발가락이 꼼지락거리기 시작하네요
서있다는 것은 걷는 일을 재촉한다면서요
앉아있는 것보다

안경을 쓴 남자가 걷네요
소홀하지 않은 걸음이고요
양발의 보폭은 비교적 좁군요

완전한 행군은
나를 바꾸는 고통
찬란한 또 하나의 시작

변화의 불길이 흐르는 송두리째
스스로의 정죄가 되지 않기를 기도할 뿐

걸음으로 구원에 이르고
세상은 사랑 속에 있으니까요

장미에게

숲길의 이파리들이 자고 있다
그녀는 그물을 치고 있다
탄식하는 생명은 그물을 치기 마련이다

촛불의 사활을 건 침묵을 닮았다
한계를 드러내는 중재는
연약한 소유권만을 주장하고 있다

남자들의 변덕스러운 경배는 언제나 전체주의로 입성했다
약속에는 가시가 돋쳐있었다
기억의 파편만이 가시 울타리를 만든다

그녀는 말이 없었다
그녀의 꼬리도 말이 없었다
불협화음의 착점 소리로 뜨거운 그녀에게
중재는 없다 한계도 없다

고요의 기력,
수반되는 뒷이야기가 비하인드 스토리라면

너무나 이기적인 업적은 애교 섞인 숟가락 놓기다
풍경은 길을 잃어도 공간은 여여하다

경계를 넘나들어 애매한 열정은
감마선에 노출되어 통제가 불가능한 존재
강요된 연민의 결과로 변신과 변심을 반복하고 있다

깨달은 사람은 없다
깨달은 행동만 있는 판타지다

날선 파편으로 그녀는 울타리를 치고 있다

숨바꼭질의 발견

들꽃이 메아리치니 무지개가 뜬다
별이 목마르다 하니 하늘이 앓는 중이다
파도가 어지럽다 하니 바다가 요동친다
반딧불이 멀미를 만드니 오솔길이 자꾸만 흔들린다
숲이 무기력하니 태양이 죽어간다
아래, 달이 틀어지고
아픈 사람들, 잎새에 잿빛이 번진다 돌연 항아리가 깨지기도 한다
지구가 헤매고 아침 이슬이 유배 중이다
돌고 돌아
돌아돌고
바람바람바람바람바람바람바람바람
눈 감았다 떠도 절규는 계속되고
역할은 발자국을 남긴다

자작나무숲

1

자작나무들은 겨울에 목욕을 한다
일 년에 한 번 눈 오는 날
하얀 목욕을 한다
뽀얀 살갗을 드러내놓고 깨끗해지는 날이다

2

눈의 왕이 죽었다
그의 신하들은 흰옷을 입고 좌우로 나열해있다
눈의 왕은 죽어 하늘로 올라가고
그의 어리고 착한 신하들은 언 채로 자작나무가 되었다
겨울이었다

정중동(靜中動)

시간 앞에 생각을 끊는 일은 현묘한 기록을 지우는 일이다
확정된 것은 아무것도 없다 절대적인 것이 없는 것처럼

적요의 창문이 닫히면 안개는 왕관을 쓴다

이해받는 일은 타협하지 않아도 되는 아침을 맞는 일이다
계절이 걸음마를 떼고 고아의 날갯짓은 담장을 넘는다
불안한 사람의 동선은 줄넘기를 하고 계절을 부른다

신에게 흐르는 비정은 매번 궤도를 벗어나 재활용된다
호젓한 실패는 봄이고 약이다 벌떡 일어나 정확하게 꽂히는 바늘이다
소년은 식빵을 먹고 있고 거리의 속살은 바람을 부른다

관심이 사고(思考)로 이어지고 외향은 분리된다
소리가 침입하고 내성은 배를 뒤집어 빛을 향한다
열정은 점진적으로 친절해지고 그림자는 터널을 벗어나고 있다

시적 상태

쓰레기를 버리며 전복인가 비약인가 묻는다
밥을 지으며 오분도미와 백미와의 상관 관계에서
상징적 요소를 먼저 생각한다

밤을 가르며 은유적으로 처리하는 절정과
감정적 측면을 기술하는 가성을 고뇌한다
동네 여자와 악다구니 쓰면서
진술과 묘사의 차이를 구별한다

꿈속에서 시를 쓰는 경이를
보편적인 예술에 대한 고민으로
기형도와 키스하고
용정마을의 '시인 윤동주지묘' 위에 올라 있다가
마리아 릴케의 장미 가시에 찔렸다
젖기는커녕 자다가 방귀만 뀌었다

택함 받지 못한다면
시마켓이 열리는 행성에 가서
그럴듯한 시라도 사고 싶은

이 시가 좋으면
좋아요를 눌러주세요
힘차고 당차게

건필은 보너스입니다
그래서 또 한 번
좋아요

용두산 공원에서였다

노랗고 빨간 꽃시계가 춤춘다
기억의 유영은 집요하다 꿈으로 재생된다
풍선을 들고 있는 어린아이는 유리종 소리를 낸다

용도 폐기된 첫사랑의 살덩어리
망각은 환생을 거듭하고 흔적은 엘리베이터를 탄다
풍향계는 사변적인 윤활유를 만들고 있다

"우리 앞으로 어떻게 되는 거지?"
마네킹이 되어버린 여자를
벼랑 끝으로 몰았다 남자는

기차 바퀴 안으로 음표들이 굴러 들어가고
푸른 이끼에서는 가시 돋는 냄새가 나고

양파는 발톱이 없고
두더지는 시간을 피해 시계 속으로 숨는다

바람이 일고
은파는 스케일조로 미끄러진다

해독제를 마시지 않고 산 시간
세상의 시계는 제 할 일을 하고
모든 것에 대한 기준은 와해되고
폭설이 내리고 눈사태가 나다가도
녹아내린 고드름의 달콤함을 거부하지 않았다
눈이 시린 기억을 간직하며 사는
저마다의 새벽에 내가 내게 안녕하기를 바라게 되었다
겹겹이 싸고 예우한 기억만을 기억하기로 한다

정직하지 않은 죄, 달게 받으며
용두산 공원의 해시계는
서러운 꽃들을 쏟아붓는다

꽃들의 불화
흩뿌려진 꽃잎들은
별을 찢고
달을 쪼개어
그 안에 박혀 일탈하지 않고 버티다

화석처럼 굳어진 그래서 하나밖에 없는 하늘이 된다

어쩔 수 없이 나는 커피의 질량을 재는 기구를 마련한다
맷돌로 커피콩을 갈며 커피 산지와 온도를 상상한다
맛과 향에 취한 듯 따스한 온기의 미소를 토해내다가
가끔씩은 위스키를 커피에 부어 마신다
내게로 달려온 별과 달이 태양을 핑계로 달아날 때면
연결 수로가 차단되어 민물에서 놀고 있는 돌고래를 부른다
별이라도 달이라도 분홍돌고래로 변신시켜 아마존 밀림 속으로
숨겨주고 있다 바다 파랑을 흔들리게 한다 할 것이다
퇴화하고 사멸하는 체념이 식기 전에 바닷길과 통해 있다
나는 나의 아마존
너는 나의 폐

쿨럭쿨럭 쏟아지는 붉고 파란 것들

겨울 여자

신호등 앞에 서있는 저 여자는 누구인가
구멍 난 양말을 양손에 끼고 있다

물렁한 공 하나가 그녀 옆에 놓여있고
지나던 노파가 찢어진 검은 비닐봉지에서 쏟아진 귤들을 줍고 있다

오늘도 여자들은 아기를 낳고
애기 무덤들이 지구의 지도를 그리고 있고
그녀 앞의 푸른 신호등은 아직도 깜박거리고 있다

처음 말을 배우는 아이처럼
여자가 움직이기 시작하고
소리 나지 않는 소리들이 목울대를 누르고

가나다라마바ㅍㅌㅎ
ABcdeF ZZZ
아야아야

으으으 아.가.야

스위치

지구가 행군하고 스위치는 깜박거린다
진짜는 가짜처럼, 가짜는 진짜처럼
딸깍딸깍 계속되고 있다

반달은 매양 보들보들하다
풍장은 고요한 핏물을 흩날린다
저만치 햇살의 풍경이 질투를 거듭하고 있다

비밀은 덫에 걸린 장난이다

주검이 휘파람을 불기 전
광대는 천장의 쇳물을 들이킨다
용서를 구하는 어리광은 줄타기를 하고 있다
눈물은 허기를 채우지 못한 채 비상하고 있다

널려진 콩알을 연필심으로 쿡쿡 찍으며
석양을 기다려 귀를 자를 계획으로
호수의 비웃음을 견뎌주고 있다
시간이 날아오르자
항복은 멍에가 되어 마침표를 찍고

마음대로 해보시지
어차피 당신 마음대로 일 테니까

신에게 저항하는 자유가 절대고독으로 치닫고

오 마이 갓

사랑은 언제나 오래 참고

사치스러운 동거는 허벅지 때문이다
애지중지 단련시켜온 허벅지 덕분이다
그녀의 핀잔에는 윤기가 흐른다 사랑이다

방울 소리를 내는 사타구니들
순혈주의로 사투를 벌이다 장렬한 죽음을 맞는 몸의 떨기들
행위의 탄성, 무호흡의 쾌락
관계는 소멸하지 않는다 사랑이다

시각 청각 촉각이 동원된 소동은 박수갈채로 이어지지 않고
수만 년 기획한 불꽃은 잠재된 바람으로 어른거린다
찻잔 속의 태풍이다
혼재한 쾌감에 유세를 떠는 행운은 나폴거리는 노란 화분일 뿐이다

그녀가 다시 눈뜬 아침, 아카시아 향기만이 바람과 교접한다
벗어놓은 모자가 물구나무서기 하고 있다

물기 머금은 푸른 사과들이 뒹굴고 있다

돌아눕는 그녀에게
햇빛 쨍

개와 관련한 송구영신

잘 물기 위한 준비로 잘 짖어대기부터 하려구요
짖다가 입 냄새 날지 모르니 스케일링부터 받아야겠어요
12월 말일, 보험 혜택을 받으려면 서둘러야겠고요
이빨을 잘 가다듬고선 누구라도 물어야지
자신이 개라는 것을 절대 모르는 놈들을

전의를 갖추어야 했어요
발품이 제일이지요
세 군데 들러 네 번째 치과에서 겨우 스케일링 받았어요
세밑의 간호사는 진상 손님에게 영업이
끝났다 끝났을지 모른다 끝날 것이라 하더라구요
미친 체하고 떡목판에 엎드리는 수밖에요
지성이면 감천되기도 하니까요

죽을 4자가 아니라 살 4자네요
15,000원에 스케일링을 했으니 보람찬 송구(送舊)지요
13,000원에 스케일링했다는 카톡은 우정인가요 자

랑질인가요
　내가 간 치과는 꿩 장수 후리듯 했을까요.

　아직도 무는 개가 궁금하다고요?
　사람도 사나운 사람에게는 화를 입지 않을까 조심한다네요
　속담 풀이는 종종 옳지 않기도 해요
　늘 뜻하지 않은, 섬핑 헤픈(something happened)은 헤프게 일어나니까요
　영신(迎新)이 몰려오네요
　당신들 모두 송구영신하고 싶어요

아버지의 거시기

길게 드리워진 햇살이 낡은 커튼 사이로
방향을 잃은 채 웃지 못하고 있다
부유하는 먼지만 반짝이는 별들로 혼돈이다

부축받으며 겨우 발걸음을 떼던 아버지가
병동 화장실 문을 열기도 전에
바지를 내리기도 전에
멈칫하는 순간

새하얀 껍질 하나로 버틴 자작나무 한 그루 서있다
며느리는 토끼눈을 감추며 환자복을 벗긴다
아버님 괜찮아요, 금방 끝나요

앙상한 양다리 가운데 붙은
미수 남자의 순전한 거시기를 씻는다
차마 만지지 못하고
수압 약한 샤워기 물을 열심히 끼얹었다

슬며시 들여다본 아버지의 거시기는
아기의 그것처럼 미끈하다

아내 보내고 십수 년 수절한 우주
해맑게 축 처진 아버지의 거시기

비누 거품을 가만히 올려놓는다
아버지의 거시기가 누런 변 사이에서 봉긋 마지막 꽃을 피우고 있다

병실 창밖의 수국 꽃잎들은 누렇게 말라가고 있었다

별이 다섯 개

약속 있는데 깜박했네
테스터용 향수 잠깐요
샤넬은 넘버 파이브보다 넘버 나인틴이
내 취향인데… 뭐랄까 좀 더 세련된 향이라고나 할까
이거 오드트왈렛이잖아 난 퍼퓸이어야 해요

거만한 샤넬도 두렵지 않아
상류층으로 보이는 법을 알거든요
그들보다 더 당당하게 더 무심하게

당근*에서 건진 2만 원 지미 추 하이힐
또각또각 소리도 경쾌한걸요
호텔 쪽으로 가려면 어디?

화장실은 역시 별이 다섯 개
호텔 레스트룸이지
천연펄프 앰보싱 화장지가 비치되었잖아
점보롤 화장지는 곤란해
루이뷔똥 오버 사이즈에도 들어가지 않아
빛바랜 똥도 똥인데 말이지

플리츠 원피스는 배도 가려주고 쌍방울표 팬티도 가려주고
설마 청소 아줌마가 들이닥치진 않겠지

앗, 미쿡이다
신호음만 들어도 어미는 알아
마이 썬~
그럼 엄마야 느무 잘 지내지
부활절에 칠면조 아니 터키는 한 피스라도 먹었어?
그래그래 해피 이스터!

이번 달 생활비?
어머 내가 또 깜박했네
내일이 니 동생 버스데이라 정신이 없어가꾸
금방 보낼게 돈워리 비해피~

송금할 달라 없어도 일단은 룰루 랄라
자 이제 이솝나라 달팽이 천연비누로 손이나 닦고 나가자

오-메 사모님 머리에서 피 피가…
어느 틈에 다가온 미화원 아주머니

급한 김에 똥가방 열어 두루마리 풀어 닦고
라피아 모자 속에서 닭 한 마리 울다 지쳐 떨어진다

꼬
끼
오

우지마라 아가야
내일 아침 에어프라이에 들어가야 한다
해피 귀빠진 날, 둘째는 자사고** 다니거든

*동네 중고 직거래 마켓
**자율형 사립고등학교의 줄임말

숨비소리

호이 호이
잠겨 사라지듯 물속으로 들어간다
서귀포 문섬의 파랑돔은 독도까지 간다
문어는 자신보다 작은 문어를 먹기도 한다
노래하는 인생은 살만하다 호이 호이

바다에서는 물러설 곳이 없다
있는 자리가 제 무덤으로 슬픔에 겨워진다
죽고 싶은데 살고 싶다 호이 호이

죄는 인간만이 짓는다
새는 헤엄치고 인어는 날아오른다
달을 사버려 6펜스도 없다 호이 호이
그러나 우리는 한 푼이 없어도
살고 싶어서 호이 호이

온몸으로 순례한 그녀들이 마지막까지
부르는 노래, 호이 호이
우리가 모래언덕에서 부르는 노래도
호이 호이

도시는 감기 시절

우주의 불빛들을 연민으로 바라보고
흩날리는 겨울 새벽, 모두 떠난 도시를
하마터면 속도를 잊은 채 질주할 뻔했다
이제 휴식하며 숨 고르기

몸뚱이 빠져나가고
낮달만 옷을 걸쳤다
다 필요 없다는 그
어느 하늘 층위에서 잠드나

넘어진 지점에서 다시 일어나
간신히 올라왔는데
넘어진 김에 쉬었다 가라 한다
도시여 안녕

3부

배앓이

오규원의 길

겨울나무 아래 누운 시인 오규원은
아무도 가지 않은 길을 누군가 걸으면 길이 되고
그것이 개척이라 했어요

동아줄부터 후루룩 마셔보네요
목구멍을 타고 내려온 동아줄은 명치를 통과해요

다 물러버린 뼈는 젤라틴이 되었고요
뜯겨진 살점은 육수에 풍덩 빠져서 고요해요
너무 아픈 머리카락은 땋고 땋아 그네가 되고
손톱은 생인손인 채로 네일 아트로 위장하고
잠옷을 입고 침대에 누워 새벽 두 시를 향해
터벅터벅, 푹 절여진 통각으로 서있어요

시계가 없는 섬에서는
시계를 먹은 후크 선장을 먹은 악어가 살아요
나는 섬에 도착하자마자 시계를 반납했어요
이제 시간은 늘 밤하늘의 눈썹달이지요

당신과 밀접접촉하지 않아도 언제나 감염 중이랍니다

바이러스를 퇴치할 전의는 상실한 지 오래구요
심장은 검은 길이 되었어요
아직 덜 아픈 눈알을 박아둘게요
언젠가 그대가 이 길을 걸을지도 모르니까요

페이스북

눈뜨면 거부하기 어려운 품앗이
공감하고 동감하고 응원하고 지지하고
언제나 좋아요
때로는 최고예요
가끔은 힘내요
댓글 보시는 충만한 매일 크리스마스

늘어나는 비대면 친구들은 그들만의 천국
진영이니 노선은 저절로 분리되어
마음에 쏙 드는 연대뿐인 세상은 너무 쉬워요
끼리끼리 마시는 에너지 드링크죠

메신저는 뜬금없이 따뜻하고
손 흔들며 옆구리 찌르는 인사까지
인맥은 광활해지고 진실은 애매모호
변함없이 좋아요
하트 빵빵 폭탄

오늘도 나는 얼굴 책을 껴안고 산다
외롭냐?

나도 외롭다
그래서 또 한 번 좋아요

매일 죽는 여자

삶과 죽음의 구분이 분명하더래요
암 판정받은 친구가 달라졌어요
채식주의자 되어 몸을 재정비하고 있다네요
좋아하던 술도 고기도 사양하구요

인생을 참신하게 살아볼까요
간헐적 단식이 좋을까, 저탄고지가 좋을까
단식원에 가야 하나, 비건이 되어볼까
헬스장 등록하고 온갖 야채 가득 사놓았죠
자연인의 입에선 풀냄새 가득, 먹고 걷고 뛰고
허기진 배는 현미 죽 세 숟가락으로 달래구요

골목길 걸으며 연거푸 되뇌어 보아요
나는 누구인가 나는 누구인가
묻고 물으니 파동이 일어요
여기가 거기이고 거기가 여기
깨달음은 행복한 쪽으로 선택하는 일
육개장에 밥 한 그릇 뚝딱해버렸죠
값싸고 달달한 와인에 안주는 계란말이
버린 줄 알았던 밥풀떼기 과자는 후식

삶은 계란이고 죽음은 죽을 먹는 일인가 봐요
삶과 죽음을 초월하면 달라진다는 것이 고작
먹자, 먹고 보자
때깔 좋은 나는 실패하지 않은 걸로 해요
싸구려 미소를 경계하고 있어요

뱃살은 안정감 있게 출렁이고
마음은 더없이 너그럽고 친절한 호수
죽음보다 깊은 주제는 없다니
까짓것 매일 죽으면 되지. 죽고 다시 죽고 또 죽고

입치레에 공들이는 날 공격해주세요
적게 먹고도 견딜 수 있는데
많이 먹는 것은 죄야 죄 하면서요

순간의 뒤안

거짓으로 꽃을 노래하고 야옹거리면 덜 슬퍼요
삼킬 듯이 물고 불던 아버지 하모니카 소리가 들려요

확정되고 확정되었으니 너는 내 사랑하는 자라
사탄의 말이라도 듣고 싶다면 기꺼이 마녀가 되어줄게요

영혼 없는 믿음은 죽음이야
행함이 없는 믿음은 헛것이라니까
그러니까 지금처럼 행위의 근거를 대란 말이에요

그리곤 콱 죽어버려요
돌을 떡으로 만들면 죽을 수 있어요
경계를 넘어 모든 상황 속에서 죽음의 해피콜

콜을 원하면 너의 몸을 거룩하게 해야지요
더욱 사랑스러운 자가 될 수 있고말고요

이제부터 자발적 고독으로 들어가려구요

그래야 시를 쓸 수 있다니까 말이에요
행위만 자랑하는 바리새인이 되지 말아야지요

무성한 다정이 순간만을 흡입했어요
함께 있어도 사랑은 내가 네게 포함된 순간만
이 쓸데없는 세상, 아니 이 쓸데없는 몸
그렇게 시작하는 찬송가가 생각나네요

어둠의 향이 강해서 그래요
그러니 밤에 생각하지 말아요 우리
백합을 들여놓지 말라 했잖아요
창문을 열어요 어서

숙주

랄랄라 그런데 쉿!
오늘도 너는 잠잠히 가고 있어요

한 움큼의 알 세례와 사투를 벌인 기생충은
너의 몸을 뚫고 나와 버렸어요
그날부터 환한 세상에서 더불어 살아요
더 비겁하고 더 간사해지도록
영혼일랑 질겅질겅 씹어 먹어요
세상의 평판쯤은 두렵지 않은 충인걸요

영혼이 1그램도 남지 않았어요
헛헛한 네가 마른 멸치를 씹다가 정신이 번쩍
넌 멸치 대가리보다 작다는 사실에 당황해요
그제야 기생충과 이별할 궁리 해요
더 비겁하고 더 간사해진 넌 결연했어요

불온한 날들이 계속되자 뒤에도 옆에도 눈이 생기네요
남은 1그램을 세포분열 시키기 시작했어요
분열 후 불어난 영혼은 잔혹하고 형통해졌어요

눈을 감을 때마다 알파에서 델타까지 힘이 솟아요
겨우겨우 충을 떼어낸 너는 기지개를 켜면서부터
추레해지기 시작했어요
꽃을 보아도 무지개를 보아도 시들해요
나사가 풀어진 채 시간을 죽이는 신세가 되었어요
그
래
서
이긴 자가 진 자임을 알게 되었어요
승리자는 더 패러사이트

너 따위를 기생의 대상으로
유희는 몰입하지 않아요
비루한 푸르스름은
탕감되는 원죄인걸요

나는 변기에 빠지고 싶다

귤나무는 귤을 낳아 떠나보내고
햇살 받은 나무는 새 가지를 잉태하고 있다
흰 꽃망울은 환장할 향기로 농염해지고
불시착한 우주선은 향기에 취한 채 비틀거리고 있다
어느 별에서 배설의 쾌락을 만끽하다 버림받은 채
검게 그을려서 피신해왔는가
전생의 미련을 못 버린 눈물을 담고
누군가의 엉덩이를 기다린다면
기꺼이 네게 머리를 처박고 싶다

극장전

    시골 극장집 딸은 무슨 영화든 입장 가능해서
    밤이면 아랫도리가 젖어 많은 남우들을 상대해야 했다
    신성일과는 하녀로, 리차드 버튼과는 왕비로

    필름처럼 매끄럽고 시커멓고 긴
    욕망의 촉수가 매일 귀하고 아름다웠다

    눈은 내렸고 밥은 먹어야 했고 영화는 계속되었다
    어떤 사랑도, 어떤 이별도 두 번은 없었다

붕 붕 붕

담벼락의 나무는 마스크를 안 했다

구름도 마스크를 벗었다

젖소들아, 여기야, 여기

종이비행기는 높이높이 날았다

모두가 살 만한 세상을 꿈꾸며

우리는 종이비행기를 타고 날아갔다

장미의 전쟁

집에서는 견원지간

SNS에 올라타면 상냥한 냥이 두 마리

타이타닉호에 태워 대신 빠져줄 수 있다

어둡고 초라한 공간도

SNS에서는 노을이 풍덩, 찬란한 황혼

배앓이

의연히 미끄러져 가는 긴 수로의 오리들
뱃속의 확연한 입술들이 똬리를 틀고 앉아
눈 같은 포말을 일으킨다

아프다
움켜잡고 인터넷 닥터부터 찾는다
모든 거짓말은 복통을 동반한다는 소리만 가득하다

수선한 불안이 여전하고 입술들은 서로를 꼬집고
프레임 안의 손동작은 떨린다.
반지를 바꾸어 끼는 것만으로도 통증을 가시게 한다
는
어머니의 말씀이 몸의 성호로 머무른다.
교황 반지는 엄지, 하느님의 상징이라지.
중지에서 엄지로 반지를 옮기면
음탕한 복통도 은총을 받을까

뺨의 홍조, 동공의 확대, 눈의 깜박임에서 눈 흘김으
로
통증의 파편들을 연결하는 중심축은 견고할수록

외
롭
다

  어머니, 무덤을 가뿐히 열고 나와 나를 쓸어준다.
  하릴없이 눈물을 터트리는데 따뜻한 어항 속에서 잘 자란
  오리는 검은 튤립을 정액처럼 뿜어낸다.
  어릴 때 배가 아프면 엄지손가락을 빨았다.
  다시 붉은 딸기를 먹을 수 있을까

  엄마
  나 아파

한라산

어둠이 빛에게 세상을 내어주기 전부터
성판악에 도착, 숲에 들어서 한 발을 내딛는데
성품 좋은 숲의 가족들은 이미 자기 일을 하고 있었다
습한 옷을 걸친 때죽나무는 어둠 속에서 반짝이고
바람은 아침 노래를 불러들이고
저만치 노루는 궁뎅이로 별무리와 헤어지는 중이었다

풀벌레로 질척거리다 굴러온 모래알은
순례
성실한 느림보 되어 야성의 돌길을 헉헉댄다

속밭대피소를 지나니 산록 사이로 낯달이 된 막내가 웃고 있다
때아닌 까마귀들이 삼베옷 입고 엄마 잔소리처럼 울고 있다
드리워진 그늘 계곡마다 서늘하다
어리광하는 가슴 부여잡고 오르고 오르니
고사한 구상나무 허옇게 버려진 몸뚱이들이 뒹굴고

있다

  직전의 평야가 환한 바다로 펼쳐지고
  눈물 바구니만 한 화구호, 황폐한 정상이다
  백록담은 이만큼도 만수라고 제주 아즈망이 말을 건넨다
  거대한 허무의 구덩이, 내 안의 만수가 만수다
  나무도 까마귀도 바다도 모두 정상에 서 있었다

  한 그루 구상나무로 내려오는 길은 다시 멀다
  낮은 땅에 이르러 불쑥불쑥 바라보는 어쩌다 정상
  설문대할망이 머리칼을 풀어헤치고 있다

히든 싱어

히든 싱어를 보면서
우린 침대 위에서 거짓말 겨루기를 했어요
그는 내 귀에 대고 늘 물었죠
좋았어?

거짓말처럼 노래가 나와요
히든 싱어
내가 숨은 가수지요

청각이 주는 효과로 우리 게임쇼는 차별화
사냥은 소리로 하는 놀이지요
우리가 거짓말을 할 때면
듣는 것이 믿는 것이 되니까요

탯줄 끊긴 토끼들은 듣는 귀가 다 제각각
듣는 만큼 아는 거지요
오리지널 가수보다 모창 능력자들이
블라인드 뒤에서 더 멋진 건 또 뭐지?

모창의 재발견은 명곡의 재발견

보는 음악에서 듣는 음악으로의 회귀

모창에 대한 트라우마를 모창으로 극복
자화자찬 맞아 칭찬은 내가 해도 맛있어
왕중왕전은 최고의 거짓말쟁이 선발
남의 불행이 대중들에게는 오르가즘
오르가즘 후에는 정서적 정리
그
래
서
좋았어?

구름 이불

올 시한은 추워야 이것이 따닷허다

더우엔 뭐니 뭐니 혀도 모시이불이 지일이제

비겟닢 새로 갈았시야 요거 비고 자

야야 배기면 등짝 아퍼, 깔고 자 고실고실해

나? 구름 이불 한 채면 되지야

뭣 허냐? 다 태워불어

열쇠

단단한 냉가슴으로 굳게 닫혀 살아내야 하는 줄 알았어

내 비밀의 숲 번호를 네가 알아버렸다니

다행인지 불행인지

열고 나면 별것 아닌 나를

다시 어두운 방에 가두지 마

저는 너무 자주 웃습니다

또 하나의 심장을 재료로 한다면
젖꼭지는 매번 분홍빛으로 히죽거릴 수 있습니다
치유의 글쓰기가 별건가요 그럼에도 불구하고로 귀결될 것을요

소금의 비루한 표정은 따끔거려 우습더라구요
유대인으로 단추와 비누를 만든 수용소에 핀 민들레를 보셨나요
낡은 구두를 신은 아버지의 혓바닥은 광채가 났어요

꽃의 내장, 그 웃음은 얼마나 수다스럽던지요
매일 아침 구름 사막은 전전긍긍하면서도 깔깔거린다니까요

추억의 가장자리를 치장하고
찡긋 오늘 하루를 윙크로 시작할래요

자주 웃어서 미안합니다
삶을 막사발에 담는다니까요
저는 너무 자주 웃습니다

4부

쉘 위 댄스

도깨비

삼의악오름에서 산수국을 만났다
제주 할망이 말렸다
도채비꽃*은 집으로 들여가지 마라
도깨비 나온다

오름에 지천인 산수국의 서늘한 파랑은
집으로 데려가 달라고 아우성쳤다
헛꽃이 은가루 같은 햇살에 흔들렸다

삼나무 숲길 아래 눈높이만큼만 일어난
산수국 한 송이를 가져다 유리병에 꽂으니 가득이다
밤새내 도깨비 꿈을 꾸었다

푸른 꽃잎들이 나비처럼 날아다니고
춤사위 때마다 꽃망울을 터트렸다
살풀이춤을 추는가 싶더니 무박의 멈춤이다

아침에 본 꽃병의 헛꽃들은 쭈그러져
누런 누에고치로 가장자리에 매달려있고
기지개를 켜는 참꽃술은 비늘을 털어냈다

헛꽃이 죽으니 참꽃이 비로소 꽃이다

향기도 없고 열매도 맺지 못한
저 이쁜 것들

*수국의 제주어

성하(盛夏)

길가에 버려진 화분을 가져다 바질 모종을 심었다
잎 하나를 따서 뭉개어본다
창가에 놓고 물을 흠뻑 주었다

그해 여름 지독한 장마는 우리를 가두었다
한낮의 욕망은 빗소리에 숨어들어 뒤엉킨 채
달콤하고 톡 쏘는 향을 가득 피워 올렸다
짙푸른 잎들의 엎드린 자비에 끈적한 성호를 그었다
이름을 잊은 그 성소는 비릿한 은혜가 가득하였고
그와 내 안의 희랍인 조르바는
불을 밝히고 심장을 보여 달라며 호탕하였다

오붓한 시소는 직관의 날갯짓을 멈추고
바질의 몸살을 달래어본다
웃자란 바질에서는 시끄러운 소리만 가득하다
바질은 빗소리 무성한 소리를 피워내고 있다

겨울 숲

옷 벗은 나뭇가지들 사이로
반짝이는 비늘들이 헤엄치고 있다
한 낱이라도 주워 가시를 빼는데 소용되려다
발버둥 치는 눈의 지느러미가 매끄럽다

푸른 수염을 가진 물고기 아가미
흰 입김을 뱉어내는 나무들을 본다
숲으로 걸어오는 사람들의 등지느러미
다 내어주고 주름 잡힌 호흡으로 걷는다

푸르렀을 때는 태양만 존재했다
이제 태양은 잠시 정지하고
말라비틀어진 채 그만 숲의 밖에 서있다

외로운 해명은 서성이다 발길을 돌렸다
기억의 범람은 속수무책으로 스며들어도
바른 이해가 있을 리 만무한
물고기들의 눈은 거대한 부화 중이다

춘희

　비는 오락가락이고요. 호수는 승냥이의 붉은 울음을 반겨요. 빨간 쟁반 위의 부처는 브레겐츠*에서 춘희가 되어요. 춘희의 그는 바다가 보이는 보목마을의 노송 한그루, 소낭애**가 되어요. 빗길을 달려요. 계속 가다 보면 브라질도 나와요. 브라질 가기 전, 섶섬이 보이는 보목항에 잠깐 들를 뿐 다시 바람의 날개로 숨 고르기 해요. 대천지 미니어처 같은 소천지가 보이네요. 소천지는 정겹게 바다에 영역표시를 했어요. 어스름히 짙어지면 소낭은 밤새도록 춤을 추어요. 나풀거리는 춤 사위에서 날개가 돋아요. 구름 속에 숨은 달의 날개는 고요하게 펼쳐지고요. 한껏 교만한 별들도 내려와 함께 추어요. 처음 보듯이 두 번 다시 못 볼 듯이 세상은 언제나 온리원이지요. 붙잡을 것은 없어요. 밤의 시계가 물러나 주면 이물이물 서광이 반갑구요. 살가운 아침이랍니다. 성게 얹은 라면 가닥처럼 부드럽게 쫄깃한 아침의 햇살 아래 오늘과 접촉 중이네요. 다시 올 밤은 여전히 후련해요. 넘어지면서 성장한 면죄부를 가진 밤은 또 아침을 조율해요. 아침은 사랑이니까요. 창가에 드리워진 햇살이 다시 죄를 불러들이고 있어요. 동백꽃은 붉어요. 그래서 아파요.

*오페라 축제가 열리는 오스트리아 도시명
**소낭은 제주 방언으로 소나무

쉘 위 댄스

준비됐나요?
우리 이제 춤추러 나가요.
그럼요 내딛기만 하면 되지요

같이 추실까요?
여름이도 겨울이도 스텝 원, 투.
찰깍쟁이처럼 말고요
게걸쟁이의 게걸음, 즐기면 춤이 된다니까요
소통은 혁명으로 되지 않는다고 하잖아요
물처럼, 태양처럼, 땅처럼
우리 함께 춤을 추어요
댄스 댄스
환도뼈쯤이야 부러지면 어때요?
같이 엉키고 뒹굴다 보면
새 살이 돋고 새 뼈가 자랄 텐데요
세상이 어찌할 수 없는 우리가 되지요

돌고 돌아요
춤추는 우리는 사라지고 춤만 남아있어요
춤마저 없어지면 하늘만 남아요

쉘 위 댄스
흐르는 물처럼
태양처럼
죽음처럼

돛이 바람에 나부껴요

허공의 아무쪼록

 무슨 일이 있었냐고요? 사소하고 무의미한 민감함으로 안부 인사를 묻는 것이군요. 앉아서 오줌을 누었어요. 변기 위에서 말고 쪼그리고 앉아 누고 싶어서요. 울엄마 오줌 누며 인상 쓴 그 모습을 흉내 내어 보았지요. 아랫입술에 힘을 주면 윗눈시울이 씰룩거려요. 엄마는 이미 절망하고 있었어요. 기도로 해결되지 않음을요. 나는 쪼그리고 오줌을 누며 엄마를 업고 강을 건너고 있어요. 엄마의 강을 건너도록 일조하고 있어요. 도무지 기도가 되지 않는걸요. 기도 대신 광야를 통과하고 있어요. 가늘고 긴 물줄기는 힘을 준 보은이라네요. 뜨듯한 물세례에 내 마음도 젖어요. 오줌의 무늬는 예뻐요. 치열하게 살아서 되돌아가고 싶지 않은 꽃무리네요. 이제 주저앉아 봐요. 질펀한 벌판에 오롯이 빛나는 나인걸요. 웃자란 야생초들이 제각각의 인사를 하네요. 따뜻하고 슬프고 즐거운 미소를 머금고 있네요. 가슴이 뻥 뚫어져 버렸어요. 쌓고 쌓아 잠재웠는데 뚫고 보니 뻥… 아무것도 없네요. 계도는 필요 없어요. 사람은 변하지 않아요. 변화하기 위해 이 땅에 왔다는 말은 진리 같은 거짓말이고 말고요. 공교롭게도 서로 사랑하사 광야를 피해 도망치면 더 큰 광야가 기다리고 있는 삶인 것을요. 이제 스크린 도어를 닫아버려요. 상냥한 슬픔만 타박타박, 잔혹한 악수는 첨벙, 나처럼 살지 말라는 엄마의 가치는 몇 번이나 신비로울까요. 엿보고 싶은 엄마의 자궁, 물기 없는 그곳에서 약아지려고요. 어느 날 엄마는 뜬금없이 유선전화로 윤동주의 서시를 읊었어요. 쇳소리가 났어요. 그런 시는 힘을 빼야지요. 앙다물고 읊는 시가 아니지요. 시는 원래 추레한걸요. 완연하게 기가 빠져야 해요. 자 들어 보세요 하·늘·을 우·러·러··· 한··· 점.

씨앗

몸이 없으니 부유할 밖에요
부디 착하게 살지 말자 하면서
나는 오랫동안 떠돌았어요
발 딛고 내딛는 곳마다 절망이었어요

눈송이가 길을 잃지 않도록 안내하고
대지가 얼음 향을 뿌리며 나를 불러요
아무도 염두에 두지 않았어요

외로운 채 살포시 내려앉으니
흙들이 진동파를 일으켜 나를 품어 안아요
속살거리는 대지의 털들이 나를 감싸고 있어요
이제야 곤비한 몸을 뉘었어요

깊고 푸른 겨울잠을 잤어요
꿈결에 바다에 나갔어요
찰싹찰싹 사르르 밀려오는 물결이
조그마한 조약돌을 놀려대며 응석을 부리고 있었어요

나도 흙 속에 바람 속에 응석을 부렸어요
지렁이가 땅을 비옥하게 하며 나를 부추겨요
서로 울고 웃으며 희로애락으로 땅을 다져요
일만 년의 시간이 흘렀나 봐요

썩고 문드러진 내장 씨가 발아되고
모든 씨앗은 나비가 되어 날아올라요

일어서고 펄럭이는 날갯짓은
세상에 온통 초록 가루를 날려요
초록은 씨앗의 아이랍니다

여름의 연거푸

일탈, 맞습니다 맞고요
뻗어나가고 튕겨나가고
다행이고 말구요
밖이 아니고 안이니까요
초록빛 열정 따윈 잊어버려요
안이 밖이기도 하니까요
먼 곳이 정말 가까운 곳이기도 하잖아요
지척이 천리라는 말도 기억해두세요

여기에서 보면 바다도 하늘이네요
뿌리내림으로 폭풍성장 중이구요
조로하기 싫은 우주는
개미로 거미로 변신하구요
블랙 위도우는 영원하니까요

들큼한 맛의 까치 백숙은
우주의 보양식이라네요
복이 많은 날의 파티는
실낱 같은 실낙원이 되지요
성깔은 대단한 성하구요

여름의 여름 생사여탈권은
여름의 후퇴만이 구원 열차랍니다
여름이 익으면 열음으로 열리니까요
열림이 맨숭맨숭해지면
하늬바람에 흔들리는 나뭇가지에서
눈이 내릴지도 몰라요
가을이 섭섭해하면 한 마디 해주지요
느끼한 게 아니라 다정한 거라구요
그러게
버릴 경험은 없다잖아!

빨간 레시피

빨갛게 구워낸 레시피로
출렁거리는 심장의 요동을 숨겨주고
어둠 너머의 슬픔도 감추어주고
부릅떠서 끓어 넘치는 색깔 고운 자태라니

사랑이란 하는 순간만 사랑이지요
섹스 후 우리는 서대를 발라 먹어요
날씬하고 촘촘한 물고기를 다정하게 놓고
서로 빤한 속셈을 발라먹고 있어요
피의 근거리가 없으니
정 떼기 연습도 필요 없어요

빨간 기억이 때로 드라이아이스처럼
차갑고 뜨거워요 견딜만해요
고개를 약간만 틀어도 영영 잊혀진 계절
똑바로 살아요 잊혀지긴 싫어요
이제 그 남자의 혀를 닮은 서대를
뼈째 먹어요 코가 길쭉하네요
그 남자, 코만 탱글탱글하고 탄력 있었죠
해풍에 말리면 꾸덕꾸덕해질 코

바람

다 계획이 있군요

하얀 회한은 미풍으로

말긋말긋한 부끄러움은 송풍으로

보로퉁한 미련은 강풍으로

바람의 결은 비밀이 없어요

방향이 없으니 향할 곳이 없지요

태양도 흐르고 달도 흘러요

패스워드는 패스

어둠 속을 더듬지 않았어요
깜깜한 채로 차단했어요
꽁꽁 싸매고 냉동실에 넣으면
강하고 세련되게 안전한 줄로 말이에요

빙하기의 사연을 떼어다가
심장의 사면에 빗장을 걸고
촘촘하게 엮은 그물을 쳤어요
씰긋 빠지는 슬픔일랑 바다가 흡입하고요
눈물방울은 스포이트로 활화산에 옮겼지요

시간이 타고 있는 파티
찬란한 불꽃놀이로
슬근슬근 사냥감이 만들어지고 있어요
능수능란 자유자재로 냠냠거리구요

수수께끼는 하늘로 치솟아
적극적으로 숨을 곳을 찾고 있어요
비밀의 숲에 안착하니 정령은 말해요
아무것도 절대적인 것은 없어

힘이 센 퍼즐로는 열지 못한
겹겹이 쌓인 빗장들을
기억의 풀씨는 너무도 쉽게 열어요
얼음 숲을 향하여 휘파람만 날려두요

무위한 시절
아무것도 안 하면
아무 일도 일어나지 않을 뻔했네요
실수도 은총인 것을요

■해설

첨단과 어울린 원초적 체험의 넉넉함

박 몽 구
(시인·문학평론가)

 모름지기 시를 쓰는 사람이라면, 소재를 고르는 데 어려움을 겪을 때마다 어린 날의 체험을 반추한 경험이 있을 것이다. 이것은 그만큼 어린 날의 원초적인 경험이 우리 기억 창고의 꽤 넓은 공간을 차지하고 있음을 의미한다. 칼 융은 인간의 내면을 지배하는 기제로서 집단 무의식을 강조하며, 개인의 의지와는 상관없이 어떤 집단이 오랜 시간에 걸쳐 축적하고 공유해온 무의식이 존재한다고 지적한다. 심리학의 영역을 넘어 수사학에서는 이를 가리켜 원형상징이라고 부른다.
 이 같은 원형상징 외에도 어린 시절 부모와 함께 엮은 에피소드며 앞마당에 자란 과꽃의 소박하면서도 아름다운 자태 등은 원초적으로 우리의 기억 속에 깊게 뿌리를 내리고 있곤 한다. 이런 질박한 어린 시절의 체험이 어른이 되고, 도회를 떠돌아다니며 갈등과 외로움으로 시달릴 때에도 은연중 우리에게 힘이 되어주곤 하던 경험은 의외에도 공감대가 넓은 편이다.

　김애옥 시인의 시집 원고를 읽으면서 이 같은 원초적 체험과 관련하여 흥미로운 점을 발견할 수 있었다. 김 시인은 드라마 작가로 활동하고 대학에서 최신 대중문화 관련 강의를 오랫동안 해온 사람이다. 누구보다 최신 문화의 흐름을 능동적으로 타고 있는 사람이다. 그런 점에서 그의 시 정서는 최신 문화 조류를 민감하게 반영하고 있을 거라는 선입견을 갖게 마련이다. 하지만 그의 시들을 살펴보면서, 최신 대중문화 정서에 기반한 시세계가 펼쳐질 것으로 상상하던 것과는 사뭇 다른 면을 발견하고서 흠칫 놀랐다.

　　불이야 불~
　　물기를 머금은 흙들이 토혼으로 타올라요
　　삶의 흔적이 아쉬워
　　등신불로 남아있는 숨결

　　수많은 물고기들이 한유하다
　　스스로 산화되어 **뼈**를 보시했네요
　　흙에 침잠한 모래돌이 영접하구요
　　때로 번개무늬를 만나기도 해요

　　가마는 제 몸의 불덩이를 뽑아요
　　걱정 근심은 **뼈**를 녹게 한다니

> 토기는 살리고 가마가 죽으려고요
> 지나온 시간 그대로 흡수하지요
>
> 어제가 없는 현재의 불
> 오늘을 준비하는 토기들
> 미래를 밝히는 내 뼈들을 모아요
>
> —「빗살무늬 토기」 전문

빗살무늬 토기를 환유로 하여 삶의 비의를 읽어낸 작품이다. 이 작품에는 흙과 토기 및 이를 매개하는 불이라는 상징 시어가 등장한다. 화자는 첫 대목에 '불이야 불~/ 물기를 머금은 흙들이 토혼으로 타올라요/ 삶의 흔적이 아쉬워/ 등신불로 남아있는 숨결'이라는 알레고리를 배치하여, 도공의 손으로 빚은 흙이 뜨거운 불길을 견딘 끝에 마침내 민초들의 비원을 실현해 주는 등신불로 변해가는 과정을 그리고 있다. 흔하고 하찮은 흙이 화엄 세계를 주관하는 부처로 변신해가는 과정은 곧 온갖 세파에 시달리는 민초들이 해원(解冤)해 가는 것과 닮은 모습이라고 하겠다. 이어서 제시된 '한유하다 산화된 물고기 뼈', '흙', '침잠한 모래돌' 등은 분골쇄신하며 살아가는 이 시대의 민초들을 환유하는 시어이다. 그런 것들이 모은 '가마(가) 제 몸의 불덩이를 뽑아' 근심 걱정을 녹여낸 다음 '토기는 살리고 가마가 죽' 는 과정은 자신을 아낌없이 던지는 이타행으로 어둠을 걷고 밝은 새벽을 열어가는 이 시대의 민초상이라 할 것이다.

  김애옥의 시에는 빗살무늬 토기를 비롯한 등신불, 번개무늬. 흙, 물고기 등 토속적이면서도 우리 정신의 근간을 이루는 원초적인 체험에 바탕한 시어들이 다수 등장한다. 나아가 그것들은 시인의 내면세계 깊이 자리 잡은 부모와의 인연담으로 이어진다.

    의연히 미끄러져 가는 긴 수로의 오리들
    뱃속의 확연한 입술들이 똬리를 틀고 앉아
    눈 같은 포말을 일으킨다

    아프다
    움켜잡고 인터넷 닥터부터 찾는다
    모든 거짓말은 복통을 동반한다는 소리만 가득하다

    수선한 불안이 여전하고 입술들은 서로를 꼬집고
    프레임 안의 손동작은 떨린다.
    반지를 바꾸어 끼는 것만으로도 통증을 가시게 한다는
    어머니의 말씀이 몸의 성호로 머무른다
    교황 반지는 엄지, 하느님의 상징이라지
    중지에서 엄지로 반지를 옮기면
    음탕한 복통도 은총을 받을까

    뺨의 홍조, 동공의 확대, 눈의 깜박임에서 눈 흘김으로
    통증의 파편들을 연결하는 중심축은 견고할수록
    외
    롭

다

    어머니, 무덤을 가뿐히 열고 나와 나를 쓸어준다.
    하릴없이 눈물을 터트리는데 따뜻한 어항 속에서 잘 자란
    오리는 검은 튤립을 정액처럼 뿜어낸다.
    어릴 때 배가 아프면 엄지손가락을 빨았다.
    다시 붉은 딸기를 먹을 수 있을까
                                    -「배앓이」 부분

  위 시에도 역시 시인의 원초적인 체험들이 잘 녹아 있다. 첫 대목에 마을 앞 개울을 '의연히 미끄러져 가는 오리들'이 제시되어 있는데, 이는 단순히 오리 가족에 대한 묘사를 넘어 어미의 삶을 스스럼없이 따라가는 어린아이의 모습을 환기한다. 이어지는 연에서는 이런 정감 어린 동심의 시절과는 사뭇 다른 신세대의 모습이 펼쳐진다. 즉 요즘 세대들은 배라도 아플 때면 '(배를) 움켜잡고 인터넷 닥터부터 찾는'다는 것이다. 심지어 거짓말을 은근슬쩍 넘어가려면 '복통을 동반한다는 소리만 가득하다'고 한다. 심지어 '프레임 안의 손동작'이라고 표현함으로써, 배앓이가 진짜로 찾아왔는지를 의심하게 한다.
  하지만 화자는 배앓이는 육체적인 고통이 아닌 사람의 결핍이라는 점을 은근히 환기한다. 즉 '반지를 바꾸어 끼는 것만으로도 통증을 가시게 한다는/ 어머니의

말씀'을 '몸의 성호'로 인식한다. 나아가 '뺨의 홍조, 동공의 확대, 눈 흘김' 등 통증의 파편들의 중심축은 육체적 고통이 아닌, 견고한 외로움이라고 힘주어 말한다.

  화자는 결구에 이르러 '어머니, 무덤을 가뿐히 열고 나와 나를 쓸어준다'고 말한다. 대가 없는 어머니의 사랑을 생각하며 질시와 소외로 점철된 세상을 이겨나갈 힘을 얻는다는 말에 다름 아니다. 나아가 '어릴 때 배가 아프면 엄지손가락을 빨았다./ 다시 붉은 딸기를 먹을 수 있을까'라고 자신에게 물음으로써, 어머니에게 비롯된 원초적 사랑의 체험이 지천명이 넘은 화자에게 새로운 생명을 불어넣는다는 점을 환기한다. 여기 '붉은 딸기'는 무구한 처녀로 돌아가 경험하게 되는 초경을 연상시키는 상징어라고 볼 수 있다.

어려움에 처한 사람을 먼저 챙기는 모성

  루마니아 태생의 정신 분석가인 '줄리아 크리스테바' 같은 이는 무거운 삶의 도정을 끌고 가는 이들이 지치지 않도록 사랑으로 감싸는 대지적 여성상의 구현을 통해 세상은 새로워질 수 있다고 지적한다. 자기를 부정하면서 새롭게 탈바꿈시켜가는 존재, 비천하고 열악한 존재들을 감싸서 앞으로 나아가게 하는 존재로서 '코라(chora)'라는 개념을 제시한다. 현대 문명 속의 여성은 끝없이 소외되고 핍박받는 존재이면서 무방비

한 태아를 보호하여 세상의 빛을 선사하듯이 어렵고 힘든 이들을 감싸 안아 황량하고 무법한 세상이라는 사막을 건너게 해주는 존재라고 인식한다. 이것은 자신이 어렵게 궁행해가고 있는 소승적 세계를 넘어, 비천한 존재들 및 버거운 멍에를 짊어진 사람들과 함께 지치지 않고 밝은 내일로 향해가는 대승적 인간상을 지향한다. 김애옥이 제시한 어머니상은 이렇듯 설사 자신이 어려움에 처했더라도, 더 약한 존재를 만나면 기꺼이 자신을 가꾸던 손길을 어려운 존재에게 돌리는 존재이다.

> 부축받으며 겨우 발걸음을 떼던 아버지가
> 병동 화장실 문을 열기도 전에
> 바지를 내리기도 전에
> 멈칫하는 순간
>
> 새하얀 껍질 하나로 버틴 자작나무 한 그루 서있다
> 며느리는 토끼눈을 감추며 환자복을 벗긴다
> 아버님 괜찮아요, 금방 끝나요
>
> 앙상한 양다리 가운데 붙은
> 미수 남자의 순전한 거시기를 씻는다
> 차마 만지지 못하고
> 수압 약한 샤워기 물을 열심히 끼얹었다
>
> 슬며시 들여다본 아버지의 거시기는

아기의 그것처럼 미끈하다
아내 보내고 십수 년 수절한 우주
해맑게 축 처진 아버지의 거시기

비누 거품을 가만히 올려놓는다.
아버지의 거시기가 누런 변 사이에서 봉긋 마지막 꽃을 피우고 있다

병실 창밖의 수국 꽃잎들은 누렇게 말라가고 있었다
　　　　　　　　　　　　　　－「아버지의 거시기」 전문

　위의 시는 시인과 시아버지 사이에 실타래처럼 얽힌 체험을 소재로 한 작품이다. '새하얀 껍질 하나로 버틴 자작나무 한 그루 서있다'라고 언술함으로써, 와병 중인 한 노인의 쇠잔해진 건강 상태를 설명하고 있다. 나아가 오랫동안 식구들을 건사하느라 정작 자신은 돌볼 틈이 없었던 우리 시대 가장의 모습을 환기하기도 한다. 며느리는 애써 못 본 척하면서 마른 시아버지의 옷을 벗긴다. 이어지는 대목을 통해 '아버님 괜찮아요, 금방 끝나요// 앙상한 양다리 가운데 붙은/ 미수 남자의 순전한 거시기를 씻는다'고 진술함으로써, 세속적으로 불편한 두 사람 사이를 암시한다. '거시기'라는 단어를 통해 한 가정에서 가장의 존재를 상기시키는 한편, 금기어를 통해 건드릴 수 없는 부권(父權)의 존재를 은연중에 부각시킨다.

라캉에 따르면 '거시기'는 더없는 안식과 평화를 맛보며 살아가던 아이를 부모의 품으로부터 떼어내, 경쟁을 근원적 속성으로 하는 냉혹한 사회생활로 내던지는 권력을 상징한다. 자크 라캉은 인간의 원초적 심성을 가리켜 상상계(the imagenary)라고 명명한 바 있다. 부모의 보호를 받으면서 구김살 없이 꿈을 펼쳐가는 단계를 가리키는 말이며, 이 단계가 심화될 경우를 가리켜 나르시시즘에 젖어 있게 된다. 이 단계에서는 굳이 남을 따돌리기 위한 경쟁이나 해코지 따위는 존재하지 않는다. 하지만 인간은 부모의 품에서 벗어나 사회생활에 진입하지 않을 수 없다. 이런 사회생활에서는 필연적으로 평화보다는 경쟁, 남을 거꾸러뜨리고 자신이 앞서가기 위한 배제와 독점욕이 만연해지게 된다. 인간은 그 같은 약육강식의 세계에 던져진 피투체이다. 라캉은 이를 가리켜 상징계(the symbolic)라 명명하고 있다. 그런 가운데서도 인간은 끝없이 부모의 따스한 보살핌과 무구한 사랑의 세계를 갈망하게 되는데, 무한한 사랑과 평화를 희구하고 늘 평화를 꿈꾸며 부모를 대체할 연인을 찾게 된다.

그런데 위의 시에서는 이 같은 부권의 상징어로서의 거시기를 넘어, 한 가족을 추위와 가난으로부터 지켜주고 정작 자신을 챙길 사이 없이 생을 일관해온 사람으로 설정되어 있다. 즉 '슬며시 들여다본 아버지의 거시기는/ 아기의 그것처럼 미끈하다/ 아내 보내고 십수 년 수절한 우주/ 해맑게 축 처진 아버지의 거시기'라고 언술함으로써, 가정의 독점적 지배자라기보다 자신을 희생해가며 식구들이 추위와 비바람을 피할 수 있도록 넓은 등으로 가려진 희생과 배려의 이미지를 부각시킨다.

화자는 결구 부분에 '비누 거품을 가만히 올려놓는다./ 아버지의 거시기가 누런 변 사이에서 봉긋 마지막 꽃을 피우고 있다'라는 알레고리를 제시함으로써, 가부장적인 위엄과 독단으로 일관하는 부권과 자신의 욕망을 누른 채 가족들을 위해 생을 고스란히 바쳐온 아버지의 이미지는 둘이 아닌 하나임을 말하고 있다. 병실 창밖 시들어가는 수국과 대비하여 아버지의 거시기를 생생한 꽃으로 묘사함으로써 그 원초적 생명력이 얼마나 넉넉한지 잘 환기하고 있다.

수단에서 벗어나 본질을 희구하는 문화

이번 시집에는 이 같은 원초적 체험에 바탕한 시들 외에도 다양한 시들을 만날 수 있다. 시인은 다년간 방송작가로 활동한 바 있고, 방송 미디어 관련 대학에서 후학들을 도야하고 있는 사람이다. 누구보다도 첨단의 대중문화를 잘 파악하고 있을 뿐만 아니라, 그 흐름의 한가운데 몸담고 있는 사람이다. 이번 시집에서 이 같은 그의 입지에 바탕한 시편이 적지 않다.

매일 꽃밭을 가꾸는데 꽃들은 죽지 않는다

사라진 선배에게 보냈던 메일을 삭제했다
퇴직하면 고향 내려가 산다고 했던 그다
그 고향이 레테의 강이었나 보다
두 번 다시 잃고 싶지 않아 매달렸던 사랑도 지웠다
머그잔 두 개 때문에 갈라선 우정도 지웠다

메일함의 조울은 깊고 환상은 썩은 미소로 고여 있다
순전한 절망을 수놓았던 메일들은 매일의 섹스
매일 메일을 지우며 매일을 잃어도 계정은 살아있다

사라진 메일들이 다시 검은 컴퓨터 케이블을 타고
서버에 틀어박혀 윙윙거리는 벌집으로 요란하다

보낸편지함 메일을 매일 비워도
흔적을 그대로 껴안은 채인
매일의 메일 통증은 남는다
날려버린 매일이 쓰레기통에서 생존 중이다

삭제하며 흘린 피의 선연한 자국이 여전하다
매일의 메일은 죽지 않은 나다
통통하게 날마다 살아난다

메일은 매일을 지운다
나의 매일은 휴면계좌로 전환되지 않은 뱀파이어
      -「뱀파이어의 메일함」 전문

가상의 공간을 현실 못지않게 실감하며 살아가는 인터넷 세대의 예민한 감각을 바탕으로 한 작품이다. 뱀파이어의 사전적인 의미는 '밤중에 무덤에서 나와 사람의 피를 빨아먹는다는 전설상의 귀신'을 가리키는 말이지만, 최근 들어서는 누구도 침범할 수 없이 자신만의 세계를 가지면서 독특한 문화적 취향으로 사람들에게 심대한 영향을 끼치곤 하는 존재를 가리키는 용어로 쓰이고 있다. 화자는 '사라진 선배에게 보냈던 메일을 삭제했다/ 퇴직하면 고향 내려가 산다고 했던 그다/ 그 고향이 레테의 강이었나 보다'라는 구절을 통해, 망각 저편으로 보내고 싶지만 뜻대로 되지 않는 사람에 대한 기억을 소환하고 있다. 비록 대면하고 살지는 않지만 모종의 영향으로 화자의 삶에 개입하고 있는 존재에 대한 불편한 심기와 함께 덜어내지지 않는 그리움에 대한 언급이 자못 흥미롭다.

　　화자는 온라인에서 벌어지는 만남과 헤어짐을 가리켜 '메일함의 조울은 깊고 환상은 썩은 미소로 고여 있다/ 순전한 절망을 수놓았던 메일들은 매일의 섹스/ 매일 메일을 지우며 매일을 잃어도 계정은 살아있다'로 알레고리화해 놓고 있다. '메일함', '조울', '절망', '환상' 등의 시어들을 통하여 현실과 비현실을 넘나드는 인터넷 세대의 사랑의 내면을 아프게 들여다보고 있다. 특히 '메일은 매일의 섹스'라는 메타포를 통하여, 현실의 삶 못지않게 더욱 강렬한 욕망으로 점철된 온라인 세대의 모습을 그리고 있다. 라캉은 실재계(the real) 진입과 함께 참담한 실패로 끝나는 사람에 매달리기보다 현대인들은 욕망의 속도를 늦추면서 느긋하게 즐기는 것을 선호한다고 지적한다. 그에 따라 남의 사랑 행위를 훔쳐보는 관음(觀淫)을 택하는 이들이 늘어나고 있다고 본다. 환상의 경우에도 어떤 의미에서는 실재계 진입을 늦추면서 그 과정을 즐기는 행위이기도 하다.

화자는 보이지 않는 곳에서 자신을 갈고 닦으며 목표를 찾아 끝없이 유랑하는 세대의 특성을 뱀파이어로 파악하고 있는 것 같다. 즉 '보낸편지함 메일을 매일 비워도/ 흔적을 그대로 껴안은 채인/ 매일의 메일 통증은 남는다'라고 언술함으로써, 정착보다는 유랑을 성취보다 늘 그것으로 가는 도정을 즐기는 인터넷 세대의 아픔을 함께하고 있다. 결구에서 '메일은 매일을 지운다/ 나의 매일은 휴면계좌로 전환되지 않은 뱀파이어'라고 자신을 명명하고 있는 것도, 오늘 MZ 세대의 아픔에 공감하면서, 완성보다는 끝없는 모라토리움의 도정에 있는 자신을 투시하는 모습이다.

> 청각이 주는 효과로 우리 게임쇼는 차별화
> 사냥은 소리로 하는 놀이지요
> 우리가 거짓말을 할 때면
> 듣는 것이 믿는 것이 되니까요

탯줄 끊긴 토끼들은 듣는 귀가 다 제각각
듣는 만큼 아는 거지요
오리지널 가수보다 모창 능력자들이
블라인드 뒤에서 더 멋진 건 또 뭐지?

모창의 재발견은 명곡의 재발견
보는 음악에서 듣는 음악으로의 회귀

모창에 대한 트라우마를 모창으로 극복
자화자찬 맞아 칭찬은 내가 해도 맛있어
왕중왕전은 최고의 거짓말쟁이 선발
남의 불행이 대중들에게는 오르가슴
—「히든 싱어」 부분

준비됐나요?
우리 이제 춤추러 나가요.
그럼요 내딛기만 하면 되지요

같이 추실까요?
여름이도 겨울이도 스텝 원, 투.
찰깍쟁이처럼 말고요
게걸쟁이의 게걸음, 즐기면 춤이 된다니까요
소통은 혁명으로 되지 않는다고 하잖아요
물처럼, 태양처럼, 땅처럼
우리 함께 춤을 추어요
댄스 댄스
환도뼈쯤이야 부러지면 어때요?
같이 엉키고 뒹굴다 보면

새 살이 돋고 새 뼈가 자랄 텐데요
세상이 어찌할 수 없는 우리가 되지요

돌고 돌아요
춤추는 우리는 사라지고 춤만 남아있어요
춤마저 없어지면 하늘만 남아요

쉘 위 댄스
흐르는 물처럼
태양처럼
죽음처럼

돛이 바람에 나부껴요
　　　　　　　　　　　　　　　－「쉘 위 댄스」 전문

  첨단 미디어의 흐름을 탄 사람이지만. 그저 편승하기보다 무언가 어긋난 난파선 같은 현실을 비판적으로 투시하고 있는 작품들이다. 앞에 든 시에서 끝없는 기만으로 시청자들을 혼돈의 늪에 빠뜨린 끝에 끝내는 상업적 광고의 희생물을 삼는 현실이 시의 제재이다. 화자는 히든 싱어 프로그램의 외양을 가리켜 '듣는 만큼 아는 거지요'라고 말한다. 이는 누구든지 주인공이 될 수 있다는 믿음을 날로 확산시켜 가는 방송 현실을 은근히 주시하는 시선을 담은 말이다. 이어지는 구절에서 '오리지널 가수보다 모창 능력자들이/ 블라인드 뒤에서 더 멋진 건 또 뭐지?'라고 언술함으로써, 자칫

가짜가 진짜를 얼마든지 멋지게 누를 수 있다는 믿음으로 충만되어 가는 미디어 현실을 환기한다.

화자는 '모창에 대한 트라우마를 모창으로 극복'한다고 말함으로써, 끝내 같을 수 없다는 것을 알면서도 쾌락의 증진을 통해 유사성을 갈수록 높여가면서도 끝내 동일성에 도달할 수 없는 반칙의 문화를 지적하고 있다. 나아가 화자는 '남의 불행이 대중들에게는 오르가즘'이라고 단언함으로써, 공동선을 버리고 끝없이 밀실을 치달아가는 미디어의 일그러진 얼굴에 돌팔매를 날리고 있다.

뒤에 든 작품 역시, 무력한 개인을 넘어 주인공 의식을 날로 확장해가는 대중 참여 방송의 현실을 배경으로 하고 있다. 첫 대목에 배치된 '준비됐나요?/ 우리 이제 춤추러 나가요./ 그럼요 내딛기만 하면 되지요'라는 구절은 갈수록 대중 참여의 폭이 넓어지는 방송 현실을 배경으로 하고 있다. 그 같은 양상은 '찰깍쟁이처럼 말고요/ 게걸쟁이의 게걸음, 즐기면 춤이 된다니까요/ 소통은 혁명으로 되지 않는다고 하잖아요/ 물처럼, 태양처럼, 땅처럼/ 우리 함께 춤을 추어요'라는 알레고리로 확장된다.

나아가 화자는 '환도뼈쯤이야 부러'진다거나 '같이 엉키고 뒹굴다 보면/ 새 살이 돋고 새 뼈가 자'란다는 대목을 통하여 대중 스스로는 멈출 수 없이 끝없이 강도를 더해가는 은폐된 손이 숨어 있음을 환기한다. 화자는 이어지는 대목에 '쉘 위 댄스/ 흐르는 물처럼/ 태양처럼/ 죽음처럼'이라는 구절을 배치하고 있다. 아는 겉으로는 태양처럼 화려하지만 그 깊은 내면에 죽음을 품고 있는 미디어의 양두구육적 현실을 환기한다. '돛이 바람에 나부껴요'라는 구절로 결구함으로써, 수용자로서는 결코 제지할 수 없는 커다란 폭력이 난무하는 미디어 현실을 비판적으로 투시하고 있다.

비만을 버린 곧고 넉넉한 정신을 찾아

이와 함께 이번 시집에서 주목할 만한 시편으로는, 시인 김애옥을 정신적으로 지탱해 주고 있는 정신의 푯대가 담긴 작품들을 들 수 있다. 그것은 때로는 그가 시인으로서 딛고 올라서는 데 디딤돌이 된 사람일 때도 있고, 번잡한 일상 속에서 미처 깨닫지 못한 것들을 새롭게 발견한 때이기도 하다.

> 배불뚝이 헤밍웨이가 죽었다
> 뱃속에 바다를 가득 품고 있던 그가 죽었다
>
> 하드보일드 문체로 바다가 끓고 있다
> 유일하게 혼자일 수 있었던 그곳,
> 이제 다시 붉은 문장으로 시작할 수 있었는데
> 글도 못 쓰고 섹스도 못 해서 죽은 청새치
>
> 그는 죽기 전에 도무지 방법이 없다고 했다

가운데 몸뚱어리는 다 갉아 먹혀 비었다
펼쳐진 청새치의 날개는 화려했다

너무나 많은 별들이 그를 외롭게 했다
글로 구원에 이르지 못하고 선택한 죽음
교회당 종탑에 대롱대롱 매달리다 떨어진 곳이
하필 십자가 고상 옆이라니

배불뚝이 헤밍웨이의 배가 터졌다
펄펄 끓고 있는 바닷물이 쏟아졌는데
보물섬이다 야호
죽은 자들이 종일 울고 있다

쿠바산 싸구려 담배,
남극의 빙하를 가득 담은 모히토,
바다에 떠있는 별,
네 번째 부인의 미소

러브 유 파파,
르브 유 파파
제기랄!
당신의 청새치가 온통 바다를 뜯어먹고 있다구요
　　　　　　　　　　　　　－「파파 헤밍웨이」 전문

「노인과 바다」로 유명한 대작가 어니스트 헤밍웨이의 삶을 소재로 한 작품이다. 그는 스페인 내전에 참전하여 독재자 프랑코에 맞서 싸우기도 했으며, 말년에는 세속적인 영예를 다 팽개치고 쿠바가 바라다보이는 미국 마이애미의 한적한 바닷가에서 홀로 글을 쓰다가 절명하였다고 한다.

위의 시에서는 바다가 전경화(前景化)되어 있다. 첫 대목에서부터 '배불뚝이 헤밍웨이'가 '바다를 가득 품고 있'다는 아이러니를 제시함으로써, 겉보기에 뚱보인 작가가 세속을 넘어 바다로 상징되는 큰 꿈을 줄곧 쫓았다는 인식을 드러낸다. 나아가 노작가를 가리켜 '글도 못 쓰고 섹스도 못 해서 죽은 청새치'라는 메타포를 제시하여, 비대한 몸이 아닌 '청새치'로 상징되는 날렵하고 활달한 정신세계를 누린 사람임을 환기하고 있다. '가운데 몸뚱어리는 다 갉아 먹혀 비었다/ 펼쳐진 청새치의 날개는 화려했다'고 묘사하고 있는 것도 그 같은 인식의 연장선상에 있다.

외롭게 살면서 바다 아닌 글과의 대결로 시종하다가 죽음을 맞이한 헤밍웨이를 가리켜, 화자는 '펄펄 끓고 있던 바닷물이 쏟아졌는데/ 보물섬이다'라고 언명한다. 그만큼 죽음을 넘어 헤밍웨이의 삶이 헤아릴 수 없는 가치를 지니고 있다는 사유를 드러낸다. 노작가는 '쿠바산 싸구려 담배', '남극의 빙하를 가득 담은 모히토', '바다에 떠있는 별' 등 세속적으로 값싼 것들이 그의 동반자였지만, 그 정신만은 최고의 가치를 지녔음을 화자는 확언하고 있다. 결구에 배치된 '당신의 청새치가 온통 바다를 뜯어먹고 있다'는 언급도 정결하고 곧은 정신이 결국 거대한 바다를 넉넉하게 품고 있다는 인식에 다름 아니다.

> 육지 것의 제주살이는 배앓이가 잦았다
> 움켜쥔 배로 괴로운 날이면
> 혼자서 기어라도 가고 싶은 곳
> 밥집 '밥이 보약'
>
> (중략)
>
> 밥 한 끼 할 때마다 질박한 정이 한 뼘씩 자라고
> 옹기그릇에 담겨 나온 매생이전에 젓가락을 대면
> 종일 입 다물어 쉰내 나는 입술이 달싹거려진다
> 사람을 살리는 밥 한 상, 9천원에 사람을 살릴 수 있다면
> 사람은 얼마나 가볍고 싼가
>
> 갈옷 입은 그녀에게 16년이나 하셨다며요 하니
> 삭힌 방아잎 장아찌처럼 답한다
> 한 30년은 해야 음식점 한다 하지요
>
> 30년은 묵어야 살만한 제주,
> 그녀의 밥이 보약이다.
> 섬을 떠나오며 건네지 못한 말
> 이녁… 소랑햄수다
> ―「밥이 보약」 부분

아마도, 대학에서 학생들을 가르치다가 안식년을 맞

아 제주로 건너가 얼마 동안 살아본 시인의 경험을 바탕으로 창작된 작품으로 보인다. 물이 바뀌고 흙이 바뀌어 배앓이가 잦았던 화자가 약이 아니라 '밥이 곧 보약'이라는 걸 온몸으로 느낀 기억이 꿈틀거리고 있다. 객지 땜을 하느라 배앓이 잦은 화자는 곧잘 찾았을 법한 약 대신, '옹기그릇에 담겨 나온 매생이전', '삭힌 방아잎 장아찌'에 젓가락을 대고 질박한 정이 담긴 밥을 먹자, '종일 입 다물어 쉰내 나는 입술이 달싹거려지'던 경험을 반추한다. 화자는 사람을 살리는 건 자연이 고스란히 담긴 무공해 밥 한 상이라고 힘주어 말한다. 단돈 9천원짜리 밥상으로 객지 배앓이가 씻은 듯이 가시던 기억을 알레고리로 하여, 모름지기 눈앞의 이익이나 자기 앞에 큰 감을 놓으려는 집착을 넘어 사람을 가장 값지게 여겨야 한다는 인식을 설득력 있게 담아내고 있다.

시인 김애옥은 이번 시집을 통하여 사람살이에 있어 원초적 기억이 얼마나 뿌리 깊게 남아있는지를 우리들에게 잘 보여주고 있다. 어린 시절의 제비 둥지처럼 따스한 기억이야말로 갈등과 배제만이 횡행하는 세상을 이기는 힘이요, 소아를 넘어선 이타행의 소중함을 일깨워 주는 힘이라는 인식이 곰살맞게 행간에 배어 있다.

김애옥은 첨단의 미디어 세계를 삶의 공간으로 하여

살고 있는 사람이다. 따라서 그 같은 삶에서 비롯된 소재들이 시세계 곳곳에 뾰죽뾰죽 솟아 있다. 하지만 첨단의 미디어를 가로지르는 삶 속에서도 그는 무작정 끌려 들어가기보다, 상품성을 넘어 주체적 참여의 공간이 확보될 필요가 있다고 힘주어 말한다. 그가 그 같은 인식을 굳힌 데는 무엇보다도 대가 없는 나눔을 실천해 주시던 부모와 이웃들에 대한 따스한 기억이 마음의 바탕에 깔려 있음을 이 시집을 통해 확인할 수 있다.

한편으로 물질적 풍요와 경쟁에서는 무조건 이기고 봐야 한다는 인식이 만연되어 있는 세태에 곧이곧대로 따르기보다, 더 곧고 오래 가는 가치가 있다고 시인은 말한다. 세속의 영예를 버리고 외롭게 바닷가에서 죽는 날까지 글을 쓴 헤밍웨이, 보약을 웃도는 넉넉하고 따스한 밥상을 차리는 밥집 아주머니에 대한 아름다운 만남 등이 그것이라고 시인은 묵묵히 말하고 있다.

이 같은 시인의 넉넉하고 따스한 시선 속에는 오늘이 있기까지 그를 지켜준 무형의 원초적 체험이 보이지 않게 깔려 있다. 현재와 과거가 아름답게 공존하는 김애옥의 시는 그런 점에서 그만의 영토를 오롯이 갖고 있다. 이 같은 시적 영토를 더욱 넓혀 우리 시를 풍부하게 해주기 바라면서 조촐한 논의를 마친다.

뱀파이어의 메일함

찍은날 2021년 9월 23일
펴낸날 2021년 9월 28일
지은이 김애옥
펴낸이 박몽구
펴낸곳 도서출판 시와문화
주　소 (13955) 경기 안양시 동안구 경수대로883번길 33,
　　　　　103동 204호(비산동, 꿈에그린아파트)
전　화 (031)452-4992
E-mail poetpak@naver.com
등록번호 제2007-000005호(2007년 2월 13일)

ISBN 978-89-94833-72-9(03810)

정　가 12,000원